ATELIERS NATIONAUX

DE

TRAVAIL PUBLIC.

ATELIERS NATIONAUX

DE TRAVAIL PUBLIC,

PROPOSÉS

A LA RÉPUBLIQUE FRANÇAISE,

Comme moyen de résoudre
le premier problème de l'économie politique
des peuples,

L'EXTINCTION DE LA MENDICITÉ ET DU VAGABONDAGE;

Par FORTUNÉ MONESTROL,

Ingénieur civil.

———◦———

SE TROUVE

CHEZ LES PRINCIPAUX LIBRAIRES DE LA CAPITALE;
Et chez l'Auteur, rue des Montagnes, 7, aux Thernes.

1848.

Que voulons-nous, nous ? que la société politique ne reste pas impassiblement spectatrice de cette lutte entre les industries, la richesse et le travail ; qu'elle place toujours et partout une assistance à côté d'une nécessité, un salaire momentané à côté d'une cessation de travail, un fonds commun des classes ouvrières ; pour créer, en un mot, une providence visible, éclairée, active, sur tous les points souffrants de la population, à l'image de cette Providence invisible, qui ne s'efface quelquefois des yeux des misérables que pour laisser à la société le mérite et la gloire de la suppléer un moment.

De Lamartine.

A Messieurs

Les Membres du Gouvernement provisoire.

Messieurs,

L'amélioration du sort des classes laborieuses, fut la préoccupation constante de vos cœurs généreux. La France entière a foi en la sincérité de vos paroles : le pauvre espère par vous en un meilleur avenir; le riche met de l'empressement à seconder vos vues.

A l'œuvre donc!

Que le problème le plus important de l'économie politique, l'extinction de la mendicité et du vagabondage soit mis à l'étude et résolu; que des essais soient promptement tentés dans diverses localités, et bientôt il n'y aura plus en France ni mendiants, ni vagabonds, ni pauvres honteux.

Frappé des sublimes paroles d'un de vos membres, nous croyons en la possibilité de réaliser la pensée divine qui les lui a dictées, et c'est avec empressement que nous vous transmettons ce faible travail qu'elles nous ont inspiré.

Puissions-nous, par ce modeste tribut, avoir mérité de la patrie : c'est la plus douce récompense que doivent ambitionner ses enfants dévoués, au nombre desquels nous nous rangeons avec orgueil.

MONESTROL.

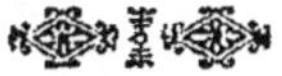

Au Peuple souverain,

A tous les vrais amis de la République.

FRÈRES,

Dans la prière que le Christ nous a enseignée, il est dit : « Donnez - nous aujourd'hui » notre pain quotidien. »

Nos gouvernants nous ont, de tous temps, permis d'adresser cette prière à Dieu seul ; mais ils ont condamné sévèrement ceux qui l'adressaient aux hommes. Aussi, beaucoup d'entre nous sont-ils morts de faim.

Nos gouvernants ont, de tous temps, eu sur les lèvres des paroles de pitié et de compassion pour nos misères, et ils n'ont rien mis en œuvre pour y porter un remède efficace.

Un miracle de la Providence a placé le pouvoir en nos mains, sachons le garder, en le confiant à des hommes qui ne chercheront pas à en faire exclusivement leur profit.

Nous avons transcrit, en tête de ce faible ouvrage, une sublime pensée de notre illustre et bien-aimé frère, De Lamartine!... Nous la croyons émanée de son cœur; mais comme les paroles sans les actes n'aboutissent à rien, nous avons dû citer quelques lignes dues à la plume d'un frère égoïste et coupable, *Duchâtel,* qui fut long-temps au pouvoir; il parla souvent de son intérêt pour le pauvre, et ne fit jamais rien pour lui venir en aide.

Aux belles paroles demandons que succèdent les actes.

Nous avons mis de l'empressement à développer succinctement notre idée. Si elle est jugée bonne, demandons qu'elle soit promptement mise en essai, et bientôt des intelligences plus puissantes créeront des moyens plus ingénieux. Qu'à des théories sans nombre succèdent enfin des essais multipliés, bientôt le pauvre sera assuré d'avoir son pain de tous les jours. Le monde entier sera redevable de ce bienfait à la France, et d'un pôle à l'autre, chaque peuple s'écriera avec nous :

Vive la République Française !

MONESTROL.

BUT DE CE MÉMOIRE.

En développant succinctement notre pensée, nous avons eu pour but d'appeler l'attention de nos gouvernants et de nos publicistes sur une question toute palpitante d'intérêt.

La solution que nous en avons donnée doit être examinée avec soin. Nous n'avons pas la prétention de croire que ce soit la seule et la meilleure possible. Seulement, nous avons la conviction qu'un essai encouragera à entrer dans la voie que nous avons tracée, et conduira infailliblement à des résultats favorables.

Nous avons élaboré un travail touchant les plans et devis estimatifs d'un atelier national de travail public servant à alimenter une fontaine monumentale élevée en commémoration de la nouvelle conquête de nos libertés, ainsi qu'un mode de souscription pour atteindre promptement le chiffre nécessaire. Mais avant de le publier, nous attendrons que l'opinion des hommes éclairés auxquels nous adressons notre idée nous aient encouragé à poursuivre cette œuvre.

CHAPITRE PREMIER.

BUT PRINCIPAL DE LEUR ÉTABLISSEMENT.

> Supprimer la mendicité sans violer les règles
> de la justice, c'est détruire ce qu'il y a, dans la
> misère, de plus dégradant et de plus affreux.
> Honneur aux hommes dont les veilles sont con-
> sacrées au sort de leurs semblables, alors même
> que des erreurs involontaires déparent leurs in-
> tentions généreuses! Mais la prison ou le fouet
> sont-ils des remèdes convenables contre la mi-
> sère, et faut-il compter les lois pénales, à côté
> de l'aumône, parmi les moyens de soulager l'in-
> fortune?
>
> DUCHATEL.

SUPPRIMER totalement la mendicité et le
vagabondage dans les grandes villes;

Rendre impossible la misère absolue;

Détourner un grand nombre de personnes
du sentier du vol, où la misère les conduit;

Rendre le pauvre actif et laborieux;

Cicatriser, enfin, une plaie hideuse de nos grands centres de population.

Telles sont les questions dont nous nous sommes proposé la solution, et que nous croyons sincèrement pouvoir résoudre, par la création d'établissements spéciaux ou ateliers publics de travail, dont l'organisation serait telle, qu'elle n'exigerait aucun personnel d'inspection, de contrôle, ni même d'administration;

Où toutes les personnes sans travail pourraient, à toute heure du jour et de la nuit, trouver une occupation lucrative;

Où il ne serait pas même nécessaire de se faire connaître pour utiliser son temps;

Où chaque ouvrier recevrait un salaire proportionnel à son travail;

Où régnerait la plus grande liberté d'action;

Où chacun commencerait son travail à l'heure que bon lui semblerait, sans sujétion d'heure fixée, ni de temps déterminé:

Où, enfin, chacun serait payé de ses propres mains, n'ayant que lui seul pour juge et arbitre de son travail.

OBSERVATION ESSENTIELLE.

En donnant la solution mathématique du problème que nous venons d'énoncer, nous aurions pu profiter du privilége que la loi nous accorde, de demander un brevet, et pendant quinze ans, recueillir la sueur du pauvre, pour la transformer en or, à notre profit; mais comme notre but, en cette circonstance, est tout philantropique, nous nous sommes empressés de développer, dans ce Mémoire, les conséquences de notre découverte. Elles seront immenses pour le bien-être de la société, si le Gouvernement s'en empare : étant livrées à l'industrie particulière, ses résultats seraient désastreux pour le pauvre ouvrier, dont l'avenir mérite, à tous égards, la sollicitude de notre Gouvernement.

Quant à nous, quoique nous attendions notre fortune, notre avenir, notre bien-être du travail et de l'industrie, nous faisons à notre patrie l'hommage de notre découverte; puisse-t-elle être, pour le pauvre, un adoucissement à ses maux; pour la nation entière, un bienfait.

MENDICITÉ.

DÉFINITION, PAR M. E. DE CHABROL.

C'est l'état de celui qui demande l'aumône.
— Dans l'état sauvage, l'homme trouve facilement à satisfaire ses plus pressants besoins;
il est rare que la terre ne puisse pas fournir à celui qui l'arrose, de quoi apaiser le cri de la faim. La vie, d'ailleurs, s'y réduit à des éléments purement matériels; elle ne se complique d'aucun de ces besoins que la civilisation et les rapports sociaux produisent toujours. Dans l'état sauvage, donc, la mendicité doit être à peu près inconnue. On peut suivre aussi les différents degrés des sociétés, et constater qu'à mesure que la civilisation se développe, à mesure que les rapports des hommes se multiplient, le nombre des indigents s'accroît en raison de ces développements et de ces rapports. — La raison en est simple, c'est que la privation de telle ou telle chose, qui, dans un état de société moins avancé, n'était pas regardée comme le manque d'un besoin de première nécessité, de-

vient bientôt un élément d'indigence. — D'ailleurs, les besoins nouveaux et secondaires que
la civilisation introduit, donnent naissance à
une classe industrielle qui, plus que la classe
des cultivateurs, se trouve exposée à toutes
les vicissitudes de la fortune. — L'homme,
avec le cercle de ses jouissances, a étendu le
cercle de ses besoins : de là vient que le pauvre d'Angleterre paraît presque riche au pauvre de France, celui-ci à l'indigent espagnol.
— Chez les peuples très-civilisés, le manque
d'une multitude de jouissances est considéré
comme pauvreté; et, d'un autre côté, la société se trouve portée à soulager des misères
auxquelles, dans un état moins avancé, on ne
songerait pas. Voilà pourquoi, en Angleterre,
le paupérisme est plus étendu qu'ailleurs,
parce que la moyenne des jouissances, que
doit espérer un homme, y est portée plus
haut. A l'appui de ces considérations, citons
quelques exemples : en Angleterre, le sixième
de la population vit aux dépens de la charité
publique; en Espagne, et surtout en Portugal,
le nombre des indigents est plus considérable.
En Portugal, M. de Villeneuve estime qu'il se

trouve un pauvre sur 25 habitants, et le géographe Balby avait indiqué le chiffre d'un habitant sur 98. — Si, au lieu de comparer les nations entr'elles, on compare les parties d'une même nation, on arrive à un résultat analogue. La moyenne des indigents en France, d'après les calculs de M. de Villeneuve, est d'un pauvre sur 20 habitants; mais on remarque, dans les diverses parties du territoire, d'immenses différences. Le département du Nord, qui est le plus riche, le plus peuplé et le plus avancé, compte près d'un sixième de la population réduite à l'indigence; dans la Creuse, le plus pauvre et le moins industriel des départements, il n'y a qu'un pauvre sur 58 habitants; la Manche a un pauvre sur 26 habitants.

Il y a, pour l'avenir des sociétés, quelque chose d'effrayant dans ce tableau du paupérisme. Plus la civilisation et les arts industriels se développent, plus le nombre des besoins de l'homme s'accroît; plus aussi, par conséquent, s'augmente le nombre des pauvres. — On chercherait en vain à se le dissimuler, la question du paupérisme tient à l'existence même de la société; car si le nombre des pauvres augmente sans cesse, si des besoins toujours nouveaux les rendent plus exigeants, d'un autre côté, la division des propriétés et mille autres causes diminuent relativement le nombre des riches. L'aisance, en devenant plus générale, laisse comparativement dans le besoin un plus grand nombre d'hommes, et cette même division des richesses n'aurait-elle pas pour effet, dans l'avenir, de produire l'égoïsme, et par conséquent de réduire les ressources de la charité publique?

Ce sombre problème agite tous les esprits en Angleterre. Chaque année, la population pauvre prend un développement effrayant, et les ressources, que la législation a fondées pour les indigents, au lieu de produire des mesures efficaces, a créé une classe oisive, paresseuse, vivant aux dépens de la classe industrielle et laborieuse. — C'est qu'il n'est pas de pire moyen pour éteindre ou diminuer la population pauvre, que l'emploi de la charité légale. C'est une vérité qui ressort de tous les ouvrages, publiés en Angleterre, sur cet important sujet; et, dans toutes les enquêtes parlementaires, il en surgit une seule plainte : c'est qu'on y déplore l'état de dégradation dans lequel sont tombées les classes inférieures, le nombre des enfants naturels et celui des criminels. D'un autre côté, les pauvres, regardant comme un droit les ressources de la législation, s'inquiètent peu de l'avenir : de là l'extinction, dans les classes inférieures, de l'esprit d'épargne et de prévoyance. — Tel est le mal qui se fait sentir en Angleterre, et qui s'étend tous les jours davantage, sans espoir de guérison ; car, pour espérer y remédier, il faudrait supprimer la charité légale et permanente ; mais elle est tellement enracinée dans les mœurs et les habitudes des classes indigentes, et le mal est si profond, qu'il est impossible de modifier la législation sur ce point.

En France, si le paupérisme est moins profond, s'il s'y étend moins proportionnellement qu'en Angleterre, c'est que la loi n'a pas créé des taxes spéciales, comme en Angleterre. La charité n'est pas un droit acquis, c'est une faveur laissée à la discrétion des administrateurs, et la distribution des secours publics s'y fait généralement d'une manière mieux entendue. — Lorsque la loi croit devoir prescrire certaines mesures de charité, elle ne les établit pas d'une manière permanente; mais elle crée pour certaines crises, pour les besoins du moment, des travaux temporaires, des ateliers où les indigents trouvent des ressources transitoires : comme ils savent que ces secours sont essentiellement provisoires, et que d'ailleurs ils ne les obtiennent jamais sans quelque difficulté, il en résulte qu'ils ne s'endorment pas, et que tous leurs efforts tendent, au contraire, à s'affranchir de la protection de la charité légale. — La législation eut un instant, en France, l'idée de venir, d'une manière permanente et régulière, au secours des pauvres : un décret du 5 juillet 1808, en déclarant que la mendicité était défendue dans tout le territoire de l'empire, avait prescrit dans chaque département la création des dépôts de mendicité, où devaient être conduits les individus mendiant et n'ayant aucun moyen de subsistance.

C'est pour cela que l'article 474 du Code pénal, punit d'une peine de trois à six mois de prison, tout individu trouvé mendiant, dans un lieu pour lequel il existe un établissement public afin d'obvier à la mendicité ; mais ces dépôts n'ont pas été généralement établis ; et la répugnance qu'éprouvent les indigents à y entrer, fait que ces dispositions ne sont que rarement exécutées. — La loi ne punit aujourd'hui que les mendiants d'habitudes valides, c'est-à-dire ceux qui n'ont aucun prétexte pour être à la charge de la charité publique (Code pénal, art. 475). Toutefois, il faut reconnaître que les prescriptions actuelles de nos lois, sont insuffisantes pour détruire ou diminuer la mendicité. En vain, depuis quelques années, la charité privée a-t-elle organisé partout, mille institutions pour remédier au mal, il s'étend toujours davantage, peut-être même en raison des secours et ressources qu'il trouve dans la société. Étrange fatalité, qui fait que plus la civilisation augmente plus il y a de malheureux ! il s'est formé de nos jours diverses associations pour l'extinction de la mendicité : de tels efforts sont louables, sans doute ; pourtant ne sont-ils pas le résultat d'illusions généreuses, mais aveugles ? J'avoue, pour mon compte, que je ne vois pas de solution au problème. S'il est un moyen de réduire le nombre des pauvres, c'est de répandre de bonne heure dans les classes inférieures le goût de l'ordre et de l'économie, d'encourager les placements aux caisses d'épargne, et d'inspirer au peuple ces idées de prévoyance et d'avenir, qui sont à la fois une condition de moralité et de bien-être. C'est encore là une tâche difficile, peut-être n'est-elle pas impossible; et dans tous les cas le but en est assez noble, assez élevé, pour qu'elle attire l'attention du législateur.

CHAPITRE II.

DESCRIPTION DE LEUR CONSTRUCTION.

> De tous les problèmes qui peuvent occuper l'esprit humain, aucun ne fournit de plus utiles lumières, ne conduit à de plus importants résultats, que les recherches relatives à l'amélioration du sort des classes inférieures de la société.
>
> DUCHATEL.

Plan d'un Atelier pouvant occuper 60 personnes.

UN bâtiment rectangulaire, de 25 mètres de long, 5 mètres de large et 15 mètres de hauteur, prendrait ie nom de *Réservoir de force;* il renfermerait dans son intérieur une roue à auges, de 10 mètres de diamètre.

Une galerie circulaire, construite au haut du Réservoir, et à 10 mètres du sol, ayant 4 mètres de large, prendrait le nom d'*Atelier*.

Soixante manivelles fixées à demeure, et à 1 mètre de distance l'une de l'autre, contre le mur extérieur du Réservoir, permettraient d'utiliser la force musculaire d'un égal nombre de personnes.

Chaque manivelle correspondrait dans le Réservoir; elle ferait corps avec un pignon d'engrenage agissant sur une nappe ou chaîne sans fin, dite de *Vaucanson, à noria*. Un mécanisme d'encliquetage ne permettrait à ces manivelles de tourner que dans un seul sens.

Chaque nappe, de 12 mètres de haut, aboutirait au bas du Réservoir, dont le plancher, élevé au centre, de 1 mètre, présenterait circulairement une surface inclinée, et dont la voûte, soutenue intérieurement par des colonnes, supporterait un bassin, également conique, et symétriquement opposé au plancher inférieur.

Quelques mille kilogrammes de grenaille de fonte serviraient de moteur pour mettre la roue en mouvement.

La grenaille de fonte, en tombant sur la roue à auges, par une ouverture de grandeur constante, créerait un moteur de force uniforme. De plus, la quantité de grenaille, apportée au haut de l'édifice, par l'action de 60 manivelles, étant plus forte que celle nécessaire, pour la mise en mouvement de la roue, donnerait un excédant qui servirait à continuer l'action du moteur, alors qu'un plus petit nombre d'ouvriers, ou même qu'aucun ouvrier, ne fût momentanément occupé au travail des manivelles.

Des boîtes à mécanisme, dit *compteur,* et dépendantes du pignon d'engrenage de chaque manivelle, indiqueraient le nombre de tours fait par chacune d'elles, et compléteraient l'établissement.

Les galeries de travail, spacieuses, bien éclairées et convenablement chauffées, seraient garnies de siéges de bois, à une seule place, pour chaque ouvrier, et fixés à demeure, à portée de chaque manivelle. Des bancs de repos seraient, en outre, convenablement disposés dans les galeries.

Les ateliers nationaux de travail public seraient établis dans les quartiers les plus populeux; ils seraient isolés ou contigus les uns aux autres, suivant les localités et les centres de population; ils pourraient servir de moteur à des établissements publics ou particuliers.

Le moteur, résultant du travail dans chaque atelier, pourrait mettre en mouvement des pompes, servant à alimenter les fontaines publiques. Dans ce cas, au lieu de grenaille de fonte, ce serait de l'eau que chaque noria puiserait directement, sans qu'il fût nécessaire d'une transmission de mouvement. La quantité d'eau puisée par un ou plusieurs ateliers, serait reçue dans un réservoir commun, d'où elle serait répartie convenablement, par des conduits disposés à cet effet.

CHAPITRE III.

ORGANISATION DU TRAVAIL.

> La liberté de caractère et de conduite est à la
> fois la condition première d'une haute moralité
> et le plus puissant moyen d'une action pro-
> fonde.
>
> MATTER.

Toutes les personnes sans travail, pourraient utiliser leur temps, en tournant une manivelle, dont la résistance serait proportionnée
à leurs forces, et dont le mouvement seul, agissant sur le compteur, déterminerait, après un

certain nombre de tours, la chute d'une pièce de cinq centimes, qui, glissant dans une coulisse, viendrait d'elle-même se placer sous la main de l'ouvrier.

La récompense de l'ouvrier, le salaire de son labeur, seraient toujours proportionnels à son travail, sans, qu'en aucun cas, l'homme paresseux et indolent fût dans la possibilité de profiter, par la ruse, du fruit dû à la peine de l'ouvrier actif et laborieux.

Les ateliers nationaux de travail public, seraient des asiles sacrés, comme nos églises et nos temples : ici, chacun prie pour lui et pour sa famille ; là, chacun travaillerait pour sa famille et pour lui, sans s'informer quel peut être son voisin, ni quels furent ses antécédents.

Là, pas de surveillance nécessaire ; la justice y serait infaillible ! Pas de préférence, pas de distinction, autre que celle de la force et du courage. Pas de querelles, pas de ressentiment ; la liberté d'action franche et illimitée. Femmes et enfants s'occuperaient sans contrainte ; un stimulant, le plus puissant de tous, les encouragerait au travail. L'argent, prix de leur fatigue, et qui tomberait goutte à goutte, avec leur sueur, raviverait leurs forces, ranimerait leur courage; à sa vue, l'homme indolent et paresseux s'échaufferait et s'animerait, il deviendrait bientôt actif et laborieux.

Là, pas d'heure fixe, pour commencer le travail, ni pour le quitter; chacun serait seul juge et arbitre de ses actions. Jamais liberté mieux entendue et plus intimement liée à l'ordre public.

Quelle que fût sa profession, l'ouvrier sans travail, ne serait jamais réduit à l'extrême misère, et la nation ne serait plus frappée du triste spectacle, qu'offre un homme, un de ses enfants, mourant de faim, tombant d'inanition sur les trottoirs de nos rues, comme cela se voit si souvent malheureusement aujourd'hui.

Et ces délits sans nombre, de vols et de vagabondage, dus à l'extrême misère, et que la plus minime somme d'argent eût épargnés!

Combien de jeunes gens, combien d'enfants, surtout, conduits dans les sentiers du vice, entraînés jusqu'aux bagnes, et même jusqu'à l'échafaud, par une première faute, que quelques centimes eussent prévenue.

Et ce fait, si souvent représenté, devant nos chambres de police correctionnelle, montrant une femme, une mère digne de pitié, que le juge absout dans sa conscience, mais qu'il est obligé de flétrir, au nom de la société, conduite à dérober la valeur d'un morceau de pain, parce qu'elle n'a pu résister, aux cris de son enfant, qui lui disait : j'ai faim !...

Et la mendicité, punie d'un emprisonnement à temps ou illimité, lorsque la société, impuissante à taxer cet action, de délit ou de crime, laisse le malheureux qui a faim, dans l'alternative de mourir ou de tendre la main (1).

---

(1) L'établissement d'ateliers nationaux de travail public rendra juste et légitime la détention des mendiants et vagabonds. La mendicité et le vagabondage pourraient avec justice être traités de délit ou de crime, par le seul fait que le mendiant et le vagabond seraient en mesure, à tout instant, de trouver une occupation lucrative. Quel est l'homme qui pouvant, par un travail de quelques heures, se procurer du pain et un gite, aimera mieux braver la faim, l'intempérie des saisons, la juste rigueur de la loi, en se faisant arrêter la

La mort de tant d'infortunés, les angoisses de tant de malheureux, les pleurs, que la charité publique, la mieux entendue, ne pourrait étancher, ces calamités, ces crimes, ces malheurs seraient tous prévus, par la création d'ateliers nationaux de travail public.

---

nuit, couché sur la voie publique? S'il en est quelques-uns, la loi peut être sévère et sans pitié : la prison, alors, avec toute sa rigueur; du pain et de l'eau, un abri sur la paille, et surtout pas de liberté. La détention de quinze jours à un mois, semblable à celle qui est infligée à nos troupes pour de faibles délits, corrigerait bientôt le mendiant paresseux, le vagabond indolent.

CHAPITRE IV.

CONSIDÉRÉS PAR RAPPORT AUX DÉPOTS DE MENDICITÉ.

> Dans les dépôts de mendicité, le pauvre reçoit du pain qu'on le contraint à gagner par un travail souvent en opposition avec ses habitudes et ses goûts ; et, en échange de ce prétendu bienfait, on lui ravit le seul bien qui lui restait, sa liberté !
>
> BOULLANGÉ.

LES dépôts de mendicité coûtent des sommes énormes à l'État, tant, pour leur création, que pour leur entretien. Les frais de police, contre la mendicité, coûtent aussi des sommes considérables. Chaque vagabond, chaque mendiant arrêtés, créent une charge, de un franc par jour à l'État; de plus, pour l'homme infirme, impotent, le dépôt de mendicité n'est qu'un hospice; mais pour le vagabond jeune et vigoureux, c'est une affreuse prison. Là, privé de famille, d'honneur, de liberté, il est, en quelque sorte, condamné à la peine la plus rigoureuse; la mortalité, qui, dans ces dépôts, sévit d'une manière effrayante, ne fait-elle pas pressentir une peine capitale?

Dans les dépôts de mendicité, se trouve accumulée la partie de la société la plus dégradée : vieillesse infirme ou paresseuse, vagabonds lâches et effrontés; êtres que le vice a souillés, et que l'occasion du crime trouverait tous prêts à le commettre. C'est bien là, que la corruption a atteint sa dernière limite; là aussi la triste rigueur, des mesures les plus vexatoires contre la liberté individuelle!

Dans les maisons de refuge, même sévérité, même tyrannie; le travail forcé et le salaire minime. Souvent le mendiant, qui se conduit mal, éprouve à sa sortie, la perte totale de la retenue qui lui a été faite, et l'habit qui lui avait été fourni par la maison, que son travail avait payé, lui est même retiré.

Plus de dépôts de mendicité ; des hôpitaux pour les vieillards ; et du travail pour tous ceux qui ont la force de gagner leur vie.

Dans les ateliers nationaux de travail public, l'ouvrier sans travail, trouverait le pain du jour, et quelques sous pour acheter le repos de la nuit : ainsi donc, plus de mendiants, plus de vagabonds.

L'homme porte avec lui l'instinct de l'indépendance ; laissez-lui toute sa liberté d'action ; qu'il travail en raison de sa force ; qu'il se repose lorsqu'il sera fatigué ; la voix du commandement lui est odieuse ; les reproches, les insultes l'aigrissent, l'irritent, le rendent méchant et jaloux.

L'homme libre, qui travaille, peut par son salaire, subvenir à ses besoins, à ses plaisirs, et, loin de se mettre en guerre, avec la société, c'est un bon et digne citoyen.

Celui qui n'a jamais connu l'usage d'une sage liberté, abuse, par toutes sortes d'excès, de son indépendance ; c'est à lui que font allusion ces paroles de Montesquieu :

« Il voit une société heureuse, dont il ne fait même pas partie ; il trouve la sûreté établie pour les autres et non pas pour lui; il sent que chaque homme a une ame qui peut s'agrandir, et que la sienne est forcée à s'abaisser sans cesse. Rien ne met plus près de la condition des bêtes, que de voir toujours des hommes libres et de ne l'être pas : de telles gens sont les ennemis mortels de la société. »

Les prisons, où sont préventivement déposés les mendiants et les vagabonds, loin d'être d'un effet salutaire sur les détenus, leur procurent, au contraire, l'occasion de satisfaire leurs penchants naturels. Là chacun fait parade de la bassesse de ses sentiments; et celui qui, en y entrant, n'était que faiblement taré, en sort avec une ame entièrement gâtée. L'homme, que le malheur seul, a conduit dans cet asile de misère et de corruption, accuse la société; il se roidit contre elle; sa colère s'exhale en blasphêmes et en imprécations. Il se vengera. En entrant, il n'était que digne de pitié; en sortant, il est vicieux : il sera criminel.

Il y a des hommes qui considèrent les prisons comme leur demeure naturelle. Ils sont là, logés et nourris; de plus, ils y trouvent l'occasion de gagner quelque argent. Donnez

à ces misérables la faculté de gagner leur vie
en travaillant; et s'ils préfèrent les prisons,
qu'ils y soient traités au pain et à l'eau, isolés,
et bientôt l'amour de la liberté les rendra ac-
tifs et laborieux.

VAGABONDAGE.

DÉFINITION DUE A M. A. BOULLÉE.

L'article 270 du Code pénal de 1810, d'ac-
cord en ce point avec les anciennes ordonnances, qualifie *vagabonds* ou *gens sans aveu* « ceux
qui n'ont ni domicile certain, ni métier, ni
profession.» Le vagabondage, un des fléaux
les plus incommodes des sociétés humaines,
peut être envisagé sous un double rapport.
Comme conséquence naturelle de la mendicité, il mérite à un haut degré, l'attention de
l'économiste politique, et nous renvoyons à
l'article *Mendicité* pour toutes les considérations
dont il est susceptible sous ce point de vue.
Nous ne nous occuperons ici du vagabondage
que sous le rapport légal, et dans l'acception
des mesures préventives ou répulsives qu'il
a inspiré aux législateurs des diverses con-

trées et des différents siècles. — A Rome, les vagabonds étaient l'objet d'une surveillance spéciale de la part des censeurs; ils étaient condamnés aux mines et à d'autres ouvrages publics. Les lois de Solon, proscrivaient cette classe d'indigents; en Égypte, les fainéants valides étaient punis comme gens nuisibles à l'État; en France, la sollicitude du Gouvernement, sur les abus de la mendicité et du vagabondage, s'est manifestée à toute époque, par des réglements multipliés. Pour ne rappeler ici que les plus importants de ses actes, nous mentionnerons les *établissements* de saint Louis, qui soulageaient les véritables pauvres sur les fonds du roi, et déportaient les vagabonds; la déclaration du 22 mai 1586, qui défendait expressément aux indigents *d'errer et de se transporter d'un lieu à un autre;* celle du 18 juillet 1724, qui punissait les mendiants valides et errants des galères à temps ou à perpétuité; celle enfin du 3 août 1764, qui, graduant les peines en raison de l'âge des délinquants, frappait de trois ans de galères, les vagabonds âgés de seize à soixante-dix ans, et les réduisait à une détention, dans un hôpital le plus voisin, pour les vieillards au-dessus de cet âge, ainsi que pour les femmes. D'après cette déclaration, les mendiants étaient tenus de choisir un domicile fixe et certain, et de s'occuper de quelque état ou travail qui les mît à même de subsister. Les septuagénaires pouvaient, à l'expiration de leur peine, demander à entrer dans les hôpitaux où ils avaient été renfermés. En cas de récidive, les mendiants, invalides, les femmes et les filles étaient punis d'une détention de la même durée. Ces dispositions rigoureuses furent adoucies par les lois de l'Assemblée constituante, de l'Assemblée législative, et de la Convention ; les mesures répressives furent généralement bornées par elles, à une détention plus ou moins légère : et la peine de la déportation, dans son application au vagabondage, ne reparut plus dans nos Codes, qu'à la suite de la loi du 24 vendémiaire an II, destinée à l'extinction de la mendicité ; mais cette disposition elle-même, fut motivée par l'acte législatif du 7 frimaire an V, qui contraignit les mendiants valides, sans domicile acquis hors de la commune de leur naissance, à y retourner, sous peine d'y être contraints par la gendarmerie, et condamnés à une détention de trois mois.

La loi du 18 pluviôse an IX, fournit un témoignage moins équivoque de la défaveur marquée, avec laquelle le législateur considérait cette espèce de délinquant, en disposant que, les crimes commis par le vagabondage, seraient de la compétence des cours spéciales : disposition, reproduite plus tard, par le Code d'instruction criminelle ; mais demeurée sans objet depuis que la Charte de 1814 a aboli les tribunaux d'exception. Un décret impérial du 5 juillet 1808 établit dans le chef-lieu du département, un dépôt de mendicité, et oblige tous les mendiants, dépourvus de moyens d'existence, à s'y rendre. L'art. 5 de ce décret, créant entre tous les *mendiants,* proprement dits, et *vagabonds,* une distinction négligée par la plupart des anciennes ordonnances, disposait que, *les mendiants vagabonds seraient conduits dans les maisons de détention.*—L'ensemble des prescriptions du Code pénal de 1810, qu'on peut considérer comme le dernier monument de la législation française, sur cette matière, est dominé par un remarquable esprit de sévérité. Indépendamment des peines directes, qu'il inflige, pour le fait seul de vagabondage, ou pour les actes plus ou moins punissables qui sont joints à ce fait, plusieurs de ces dispositions tendent à aggraver les peines que les vagabonds ont pu encourir, pour d'autres crimes ou délits. Ainsi tout vagabond porteur d'un faux certificat, ou d'une *fausse* feuille de route, est puni du *maximum* des peines portées en pareil cas : « Tout vagabond ou mendiant, coupable d'un crime, emportant la peine des travaux forcés à temps, était en outre marqué, avant la suppression de la flétrissure. » Enfin, le simple port d'armes ou d'objets, servant à commettre un délit quelconque, ou seulement à pénétrer dans les maisons, est frappé d'un emprisonnement, plus ou moins long. — Ces rigueurs, dont la plupart paraissent exorbitantes et hors du droit commun, sont les conséquences directes de cette déclaration, exprimée dans l'art. 269 du même Code : *Le vagabondage est un délit,* principe assez contestable, en effet, pour qu'on ait besoin de le formuler expressément, et qu'il aurait été plus rationnel, si le style législatif l'eut permis , de limiter à ces termes : *Le vagabondage est une présomption de délit.* Car si, comme l'a dit Servan, « un oisif est un méchant commencé, il est difficile d'apercevoir dans le fait seul, d'absence de domicile fixe et de moyen habituel d'existence, des caractères de criminalités, suffisants, pour autoriser l'application de la loi pénale. »

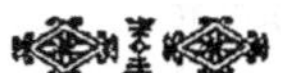

CHAPITRE V.

CONSIDÉRÉS PAR RAPPORT AUX HOSPICES.

> Les bureaux de charité sont encombrés d'une
> foule de malheureux, qui demandent du pain,
> des vêtements et du bois : c'est effrayant quand
> on songe au nombre d'indigents que Paris ren-
> ferme. On n'en compte pas moins de 65,000
> inscrits au bureau de bienfaisance ; dans ce
> chiffre ne sont point comptés 30,000 pauvres
> honteux, qui sont d'autant plus misérables,
> que personne ne songe à les secourir.
>
> *Statistique de Paris.*

LA prospérité des hospices serait une con-
quence de leur établissement. Combien de
malheureux, portés dans les hôpitaux, dont
les maladies sont dues aux privations de toute
espèce, à la misère, à la faim, au manque de

travail, par conséquent, et qui jouiraient d'une bonne santé.

La prospérité des hospices leur permettrait d'étendre leurs secours au soulagement des pauvres malades du dehors.

En second lieu, les sommes immenses, réparties en secours aux indigents, aux ouvriers sans travail, ne donneraient-elles pas, en les employant aux ateliers, un résultat plus certain que ces distributions faites aujourd'hui à domicile, et qui non-seulement ne rentrent plus au trésor, mais qui vont, pour la plupart du temps, tomber entre des mains qui n'en ont pas rigoureusement besoin, et qui, par ce seul fait, se rendent coupables de vol au préjudice des hommes qui sont plus malheureux qu'eux ?

Avec les ateliers nationaux de travail public, plus de pauvres honteux.

Nul ne doit avoir honte de travailler, et chacun doit rougir de recevoir l'aumône.

Sur le fronton de l'édifice serait gravé, en lettres d'or :

LE TRAVAIL HONORE.

La charité publique, n'ayant plus à exercer son action sur les mendiants, qui offrent aux passants, dans nos rues, l'image repoussante de tous les maux qui affligent l'humanité, porterait aux hospices le tribut de ses aumônes; le fruit de ses bonnes œuvres serait d'un résultat bien plus efficace, d'une utilité bien plus grande. Les hôpitaux auraient toujours un lit et des secours pour tous les malades, un asile pour toutes les infirmités.

En aucun cas, les hospices ne pourraient être transformés en maisons de détention.

La liberté individuelle devant être toujours considérée comme la plus belle prérogative de l'homme, son premier bien, la source de son bonheur.

Le riche peut à son gré rester oisif : la société est impuissante à taxer la paresse de délit.

Que le pauvre jouisse des mêmes droits ! Que celui qui, par quelques heures de travail, peut satisfaire aux besoins de son existence, soit maître de trouver dans le repos les charmes du *far niente,* que le riche savoure avec tant de volupté.

Le pauvre, incapable de travail, ne doit rien à la société. A lui seul, la société doit appui et secours.

CHAPITRE VI.

CONSIDÉRÉS PAR RAPPORT AU MONT-DE-PIÉTÉ.

> Les effets mis en nantissement seront, au plus tard, à l'expiration du prêt révolu, vendus publiquement et sur une seule exposition, au plus offrant et dernier enchérisseur, aux lieu, jours et heures indiqués par affiches contenant énumération de tous lesdits effets.
>
> *Lettres-patentes du 9 décembre 1737.*

LE Mont-de-Piété, ce prêteur sur gage à douze pour cent, peut bien être d'un secours momentané au riche, à l'homme aisé, à l'artisan, qui, dans un moment de gêne, peuvent sur tous objets, contracter un emprunt. Pour le pauvre c'est encore une cause de ruine. Le pauvre seul engage et ne retire pas. Le Mont-de-Piété prête donc au pauvre, non pas à dix pour cent, mais à quatre cents, à cinq cents pour cent.

Aujourd'hui, le malheureux qui a impérieusement besoin de quelques sous, l'honnête ouvrier sans travail, se prive du vêtement le plus indispensable; la seule bonne chemise qui lui reste, le seul lange dans lequel il se couche, est engagé, par lui, pour la nourriture du jour. Quand de meilleurs jours renaissent, lorsque le travail reprend, l'ouvrier se présente dans une tenue qui répugne; on le repousse. Que faire alors? Il maudit l'existence et les hommes : il est perdu!

Demain, si les ateliers nationaux de travail public étaient ouverts, le pauvre privé d'ouvrage et de pain ne se dépouillerait pas; il irait travailler là, quelques heures par jour; et, dans l'attente d'un avenir plus prospère, l'espoir renaîtrait dans son ame.

Le Mont-de-Piété reçoit du pauvre des objets de peu de valeur, néanmoins, pour lui, de première nécessité; en sorte que la somme d'argent qu'il en retire est bien faible en comparaison de celle qu'il lui faudra pour remplacer, plus tard, les objets que sa misère ne lui aura pas permis de dégager.

L'homme aisé, l'artisan, qui se trouvent dans un état de gêne momentané, ont recours au Mont-de-Piété ; mais les objets qu'ils engagent consistent en bijoux : c'est de l'or, de l'argent, des dentelles, du bon linge, tous objets sur lesquels le Mont-de-Piété fait une avance, qui approche beaucoup, de la valeur réelle des objets engagés ; en sorte que, s'ils sont obligés, ce qui est rare, de laisser vendre le nantissement du prêt qui leur a été fait, la perte est faible en comparaison de celle que, dans le même cas, le pauvre aura éprouvée.

CHAPITRE VII.

CONSIDÉRATIONS PARTICULIÈRES.

> Ceux qui sont capables d'inventer sont rares : ceux qui n'inventent point sont en plus grand nombre et par conséquent les plus forts ; et l'on voit que, pour l'ordinaire, ils refusent aux inventeurs la gloire qu'ils méritent et qu'ils cherchent par leurs inventions. S'ils s'obstinent à la vouloir, tout ce qu'ils y gagnent, c'est qu'on leur donne des noms ridicules et qu'on les traité de visionnaires. Il faut donc bien se garder de se piquer de cet avantage, tout grand qu'il est, et l'on doit se contenter d'être estimé de ceux qui en connaissent le prix.
>
> PASCAL.

LE moteur résultant du travail des ateliers, pourrait être appliqué à des industries particulières ou gouvernementales; autant cette dernière application serait une source de prospérité, autant la première apporterait à la société une cause de ruine et de misère.

Les ateliers de travail public doivent être nationaux.

A la nation seule le droit de profiter d'un travail au rabais, afin que si le pauvre laboure, sème et moissonne, la récolte soit entièrement pour lui.

Les ateliers de travail public, exploités par un privilége particulier, ne laisseraient aux pauvres que le droit de glaner dans un champ, où son travail aurait produit une abondante récolte.

A la législation le soin de mûrir notre projet, le droit d'en régler l'action, et d'en apprécier toutes les conséquences.

Les ateliers nationaux de travail public coûteraient de grands frais de construction ; mais ils n'exigeraient aucune dépense d'entretien. Loin de créer une charge annuelle, ils procureraient un revenu certain à l'État.

Par le seul fait que le salaire, dans les ateliers nationaux de travail public, serait payé 50 pour 100 au-dessous de celui de l'homme de peine, employé ailleurs, le résultat procurerait, au moins, un revenu double des valeurs annuellement employées pour les obtenir.

Le nombre d'ouvriers, sans travail à Paris, dépasse le chiffre de dix mille. Nul doute que le spéculateur, qui voudrait employer cette force immense, ne pût réaliser d'énormes bénéfices par l'établissement d'un atelier de travail public.

En donnant à chacun la possibilité de gagner quinze centimes par heure, quel est l'ouvrier, sans travail, qui ne fût aise de trouver l'occasion de gagner ainsi 2 fr. ou 1 fr. 50 c. par jour, lorsque, s'il ne s'occupait pas là, il serait dans l'impossibilité de rien gagner ailleurs?

Suivant le nombre d'ouvriers oisifs, le spéculateur pourrait diminuer le salaire, en sorte qu'il obtiendrait d'immenses résultats, avec bien peu d'argent.

Dès-lors, pour faciliter le placement de ses produits, l'industriel privilégié pourrait en diminuer le prix. De là naîtrait une concurrence ruineuse pour les autres manufactures, et, par suite, la diminution du salaire dans tous les établissements; et comme conséquence, enfin, une plus grande quantité d'ouvriers sans travail. Le nombre des ouvriers abonderait, leur salaire diminuerait indéfiniment; leur condition, loin de s'améliorer, deviendrait de plus en plus misérable, et des milliers d'hommes seraient ainsi sacrifiés aux intérêts d'un spéculateur.

Les ateliers de travail public, exploités par un industriel privilégié, permettraient à un seul capitaliste, ou à une riche compagnie, de créer, au centre des capitales et dans les villes de premier ordre, des manufactures dont l'établissement donnerait naissance à une concurrence entièrement à son avantage, et dont le résultat serait la ruine des industries rivales; en effet, dans un établissement public, le salaire pourra être taxé bien bas. En exploitant la misère et la faim, quelque faible que soit le prix qu'il lui plaira d'y attacher, un industriel privilégié profitera du travail du pauvre que la faim aiguillonne, et de plus, il croira avoir droit à la considération publique! N'aura-t-il pas procuré du pain facilement à ceux qui en avaient le plus de besoin?

Les ateliers de travail public, créés par le Gouvernement, offriraient au pauvre la ressource d'un salaire moyen, suffisant aux besoins les plus impérieux ; l'État pourrait à son gré en régler l'action, de manière à maintenir l'équilibre dans le taux des salaires, réglés dans les manufactures particulières. Suivant que leur création sera nationale ou particulière, elle deviendra pour le pauvre une source de prospérité ou une nouvelle cause de désastre, de misère ou de ruine.

Nous le répétons, avec une conviction profonde, les ateliers *nationaux* de travail public seraient pour tous une source de prospérité ; tandis que l'établissement d'ateliers *particuliers* de travail public serait une cause de ruine et de misère générale. Dans le premier cas, l'ouvrier actif, intelligent, peut par lui seul s'élever à une position aisée ; dans le second cas, il resterait toujours indigent.

La société verrait se former dans son sein une classe nombreuse, distincte, qui, toujours occupée à un travail constant dans son action et dans son produit, resterait stationnaire, gagnant le jour pour les besoins du jour, et dans l'impossibilité de faire la plus petite réserve.

La valeur d'une pièce d'argent varie suivant la main dans laquelle elle se trouve.

Une pièce d'or n'est rien pour l'homme riche et opulent; c'est peu de chose pour l'homme aisé; c'est une fortune pour l'homme pauvre; c'est un trésor immense pour le malheureux.

Tel qui ne commettrait pas une bassesse pour l'acquérir, lorsqu'il la possède, serait lâche, infâme, voleur, assassin, peut-être, s'il ne la possédait pas.

L'argent augmente de valeur en proportion de la misère des hommes : le pauvre qui souffre a besoin de tout; mille désirs, mille maux le tourmentent à la fois, et le plus poignant de tous, la faim, peut le rendre fou, enragé.

Qu'un homme riche ait besoin, qu'il souffre, il dira, pour calmer sa douleur, pour satisfaire son désir : Voilà de l'or! S'il a faim, s'il a soif, alors la moitié de sa fortune pour un morceau de pain, pour un verre d'eau. S'étonnera-t-on ensuite qu'un malheureux qui a faim, qui a soif, vole un morceau de pain que le riche estimait un monceau d'or?

L'homme qui est privé de tout, au sein de la société où tout abonde, doit avoir beaucoup de force et de courage pour se laisser mourir, plutôt que de commettre un vol, plutôt que de tendre la main !

La misère est la véritable pierre de touche du cœur humain; c'est un creuset où bien des hommes verraient fondre le vernis de probité qui les entoure, et qui leur procure la réputation d'honnêtes gens.

Quelque petit que soit le pécule du pauvre, c'est sa seule ressource, son seul avoir, sa seule possession; il doit donc y tenir autant, que le riche tient à sa fortune entière.

CHAPITRE VIII.

CONSIDÉRATIONS GÉNÉRALES.

> Dans une société où il y a des lois, la liberté consiste à faire ce qu'on doit vouloir, et à n'être point contraint de faire ce qu'on ne doit point vouloir.
>
> MONTESQUIEU.

LA richesse, l'industrie et le travail, tels sont les trois éléments dont l'action fait la puissance des peuples.

La richesse est attachée au sol, l'industrie et le travail proviennent des hommes ; la richesse, l'industrie et le travail pourvoient aux besoins de tous.

La société se divise en trois classes : les hommes dont la fortune est dans leurs poches; ceux dont la fortune est dans leur tête; et ceux dont la fortune est dans leurs mains : riche, industriel, ouvrier.

Le même homme peut être à la fois riche et industriel; mais l'ouvrier, ne peut devenir riche, s'il ne devient d'abord industriel.

L'industriel conçoit, l'ouvrier exécute et le riche paie; l'industriel a besoin du riche et de l'ouvrier; le riche et l'ouvrier ne peuvent se passer de l'industriel : c'est l'échelon, par lequel il faut monter ou descendre, pour saisir la fortune ou la perdre; entre eux trois, une lutte constante, invariable.

Le riche, veut profiter de l'industriel et de l'ouvrier, en déboursant le moins possible; l'industriel, veut faire payer au plus son action au riche, en diminuant de son côté, le prix du salaire de l'ouvrier; et l'ouvrier cherche, à son tour, à vendre sa sueur, le plus cher possible.

Telle est la société, telle est l'hypothèse

dans laquelle il faut chercher le bien - être pour tous.

L'industrie, qui trouve ses hommes parmi les riches et parmi les ouvriers, produit journellement, et ses créations tendent toujours, et constamment, à obtenir de plus grands résultats, avec le moins de bras, avec le moins d'ouvriers.

Les divers métiers, les diverses catégories d'état, varient suivant le progrès de l'industrie.

Les ouvriers, divisés en une foule de spécialités, ont pour la plus grande partie, besoin de faire un apprentissage; aussi, dès que l'industrie obtient un de ces grands succès, dès qu'elle enfante une de ces belles découvertes, qui assurent une immense économie, à l'heureux industriel, qui l'a créée, voit-on immédiatement, une foule d'ouvriers, sans travail, exclus des ateliers, où la veille, leurs bras étaient indispensables.

Alors, ces commotions populaires, ces émeutes, ces réunions d'hommes privés de travail, le seul qui leur est familier; ils crient contre l'industriel et le riche, et pour se venger, ils brisent les machines, qui ont brisé leur état.

La crise passe, le calme renaît, et chaque ouvrier se presse dans une autre voie.

Les ateliers nationaux de travail public, seraient pour les ouvriers d'un secours incontestable dans ces temps de crise.

Leur établissement offrirait aux gouvernements, une garantie d'ordre et de stabilité, dans des moments où l'oisiveté forcée d'un certain nombre d'hommes sans travail, les porte à former des réunions, toujours menaçantes pour la tranquillité publique.

En pareille circonstance, les secours en argent, loin de remédier au mal, l'aggravent et l'irritent; l'ouvrier actif et laborieux a besoin de travail; les idées d'indépendance et de liberté que les progrès de la civilisation ont introduit dans les classes inférieures de la société, sont pour cette même société un sujet de désordre, dès qu'une cessation momentanée de travail, donne aux ouvriers inoccupés, et par cela même aigris et mécontents, l'occasion de se réunir; les plaintes, les récriminations des plus exaspérés, trouvent de l'écho dans le cœur des plus faibles et des plus patients : passant des plaintes aux menaces, des menaces aux voies de fait ; les sanglantes collisions qui en résultent sont pour tous, une cause de gêne et de désordre qui entrave le commerce, ralentit les progrès de l'industrie et menace la société toute entière.

Le travail dans les ateliers nationaux, serait, avons-nous dit, à portée de toutes les forces : quelle que fût sa constitution, l'homme trouverait à s'occuper là, sans une extrême fatigue ; maître de régler son travail sur son activité physique ; libre de se reposer et d'agir sans contrainte ; excité par la justice qui présiderait à la distribution des salaires ; la gaîté remplacerait les plaintes ; la tranquillité succéderait à l'émeute ; les progrès de l'industrie ne seraient point arrêtés ; le commerce ne se ressentirait nullement d'une crise passagère ; l'ordre enfin ne serait pas troublé.

DES SALAIRES.

EXTRAIT DU TRAITÉ DE LA RICHESSE DES NATIONS, PAR ADAM SMITH.

Observations empruntées à M. Cantillon, dans sa traduction anglaise de l'*Essai sur la Nature du Commerce*.

C'est par la convention qui se fait ordinairement entre deux personnes, dont l'intérêt n'est nullement le même, que se détermine le taux commun des salaires. Les ouvriers désirent gagner le plus possible; les maîtres donner le moins qu'ils peuvent. Les combinaisons des premiers tendent à élever les salaires; celles des autres à les abaisser.

Avec cela, il est aisé de voir lequel des deux partis, dans toutes les circonstances ordinaires, doit avoir l'avantage du débat, et forcer l'autre à céder à ses conditions. Les maîtres étant en moindre nombre, peuvent non-seulement par-là se concerter plus aisément; mais la loi même les autorise à se concerter entre eux, ou au moins ne le leur interdit pas, tandis qu'elle l'interdit aux ouvriers. Nous n'avons point d'actes du parlement contre les ligues qui tendent à abaisser le prix de l'ouvrage, mais nous en avons beaucoup contre celles qui tendent à le faire hausser. Dans toutes ces luttes, les maîtres sont en état de tenir ferme plus long-temps. Un propriétaire, un fermier, un maître fabricant ou marchand, pourraient, en général, sans occuper un seul ouvrier, vivre un an ou deux sur les fonds qu'ils ont déjà gagnés. Beaucoup d'ouvriers ne pourraient pas subsister une semaine, très-peu un mois, et à peine un seul une année entière sans ouvrage. A la longue, il se peut que le maître ait autant besoin de l'ouvrier que celui-ci a besoin du maître; mais le besoin du premier n'est pas si pressant.

On n'entend guère parler, dit-on, de ligues entre les maîtres, et tous les jours on parle de celles des ouvriers. Mais il faudrait ne connaître ni le monde, ni la matière dont il s'agit, pour s'imaginer, d'après cela, que les maîtres se liguent rarement entre eux. Les maîtres sont, en tout temps et partout, dans une sorte de ligue tacite, mais constante et uniforme pour ne pas élever les salaires au-dessus du taux actuel. Violer cette règle, est partout une action de faux frère, et un sujet de reproche pour un maître parmi ses voisins et ses pareils. A la vérité, nous n'entendons jamais parler de cette ligue, parce que c'est l'état habituel, et, on peut le dire, l'état naturel de la chose, auquel personne ne fait attention. Quelquefois aussi, les maîtres font entre eux des complots particuliers pour faire baisser, même au-dessous de ce taux actuel, les salaires du travail. Ces complots sont toujours conduits dans le plus grand silence et dans le plus grand secret, jusqu'au moment de l'exécution; et quand les ouvriers cèdent, comme ils font quelquefois, sans résistance, quoiqu'ils sentent bien le coup et le sentent fort durement, personne autre n'en entend parler. Souvent, cependant, les ouvriers opposent à ces complots particulires une ligue défensive; quelquefois aussi, sans aucune provocation de cette espèce, ils se concertent de leur propre mouvement, pour élever le prix de leur travail. Leurs prétextes ordinaires sont tantôt le haut prix des denrées, tantôt le gros profit que font les maîtres sur leurs ouvrages. Mais que leurs ligues soient offensives ou défensives, elles entraînent toujours une grande rumeur. Dans le dessein d'amener l'affaire à une prompte décision, ils ont toujours recours aux clameurs les plus emportées, et quelquefois ils se portent à la violence et aux derniers excès. Ils sont désespérés et agissent avec l'extravagance et la fureur des gens au désespoir, réduits, à l'alternative, de mourir de faim, ou d'arracher à leurs maîtres, par la terreur, la plus prompte condescendance à leurs demandes. Dans ces occasions, les maîtres ne crient pas moins haut de leur côté; ils ne cessent de réclamer de toutes leurs forces l'autorité des magistrats civils, et l'exécution la plus rigoureuse de ces lois si sévères, portées contre les ligues des ouvriers, domestiques et journaliers. En conséquence, il est rare que les ouvriers tirent aucun fruit de ces tentatives violentes et tumultueuses, qui, tant par l'intervention du magistrat civil, que par la constance non moins soutenue des maîtres, et la nécessité où sont la plupart des ouvriers de céder pour avoir leur subsistance du moment, n'aboutissent, en général, à rien autre chose qu'au châtiment ou à la ruine des chefs de l'émeute.

Mais quoique les maîtres aient, presque toujours, nécessairement l'avantage dans leurs querelles avec les ouvriers, cependant il y a un certain taux au-dessous duquel il est impossible de réduire, pour un certain temps, les salaires ordinaires, même de la plus basse espèce de travail.

Il faut, de toute nécessité, qu'un homme vive de son travail, et que son salaire suffise au moins à sa subsistance : il faut même quelque chose de plus dans la plupart des circonstances ; autrement il lui serait impossible d'élever une famille, et alors la race de ces ouvriers ne pourrait pas durer au-delà de la première génération.

CHAPITRE IX.

CONSIDÉRÉS PAR RAPPORT AUX PROGRÈS DE L'INDUSTRIE.

> Les inventions des hommes vont en avant
> de siècle en siècle, la bonté et la malice du
> monde en général restent les mêmes.
>
> PASCAL.

Les ateliers nationaux de travail public,
seraient le véritable thermomètre de la prospérité du monde. Heureuse la nation qui, après
avoir dépensé de grandes sommes, à la création de ces ateliers, les trouverait déserts, et

serait obligée de recourir, pour leur mise en mouvement, aux bras de ses enfants, qui veillent à sa garde, en employant ses armées, à des travaux, dont la nation entière retirerait des bénéfices.

Que la richesse augmente, les besoins de la société augmentent avec elle; elle exige de l'industrie de nouveaux progrès, et l'industrie reçoit une nouvelle impulsion.

L'industrie sera arrivée au comble de sa puissance, lorsque chaque produit, pourra être créé, par l'action seule, d'un mécanisme spécial. Alors l'apogée de la richesse du monde; le minimum de valeur de chaque objet; le plus de chances de bien-être pour tous; le nombre de riches augmenté : celui des industriels nuls; et celui des ouvriers le plus faible.

Dans la lutte de l'industrie, de la richesse et du travail, la société ne doit pas rester spectatrice muette, inactive; elle doit intervenir : 1° en venant au secours du riche, qui, confiant ses capitaux à l'industrie, éprouve un revers de fortune; 2° en s'interposant entre l'industriel et le riche, afin que le fruit du gé-

nie ne soit pas absorbé par la cupidité usu-
raire; entre l'industriel et l'ouvrier, en ré-
glant le prix de leur salaire; 3° enfin, en
fournissant au pauvre, momentanément sans
avoir, sans industrie, sans travail, une source
féconde, intarissable, à laquelle il puisse pui-
ser pour les besoins de tous les jours : alors
sera réalisée cette belle et noble pensée du
plus illustre poète de notre époque (de Lamartine), et que nous avons placée en tête de cet
ouvrage.

1° La société devrait venir au secours du
riche, à qui, une catastrophe imprévue, en-
lève les capitaux qu'il avait confiés à l'industrie. La société, c'est la réunion des membres
d'une même nation; c'est une grande famille,
où tous doivent se réjouir du bonheur de chacun; où tous doivent compâtir au malheur de
chacun. Le gouvernement ne vient-il pas tous
les jours en aide à de grandes infortunes? Ne
donne-t-il pas des indemnités pour la grêle,
pour le feu du ciel, pour les inondations? Et,
lorsque le désastre est trop grand, la nation
entière ne s'empresse-t-elle pas de former des
souscriptions? Et ses actes, ne démontrent-ils

pas jusqu'à l'évidence, son adhésion à cette première proposition ?

2° La société devrait s'interposer, entre le riche et l'industriel ; entre l'industriel et l'ouvrier : elle le pourrait, suivant nous, facilement, en modifiant son action sur l'industrie. Aujourd'hui, dès qu'un industriel fait une découverte, sans s'enquérir, si elle est importante ou futile, le gouvernement lui délivre un brevet d'invention de quinze ans, moyennant une taxe annuelle de 100 francs. Avec ce titre, l'industriel peut vendre ou exploiter sa découverte comme bon lui semble. Ce mode, en outre du grand nombre de procès qu'il suscite entre les industriels rivaux, entre eux et les contrefacteurs, exige, de la part de l'industriel breveté, des capitaux, sans lesquels il ne lui est pas possible de tirer parti de sa découverte. S'il ne peut réaliser les sommes nécessaires, tant pis pour lui, son invention, quelque ingénieuse qu'elle puisse être, est perdue pour lui : elle enrichit quelque capitaliste, dont le seul mérite, est de posséder un peu d'or. Ou bien, l'industriel breveté, emprunte à cent pour cent, et quelquefois à mille pour cent, en partageant les bénéfices de sa découverte, avec un associé bâilleur de fonds. Heureux encore s'il peut traiter pour la moitié de ses bénéfices !

Ne vaudrait-il pas mieux que la société intervînt ; qu'un comité spécial fût nommé par le gouvernement, pour examiner consciencieusement chaque découverte ; et que, sans rien changer, si l'on veut, aux lois qui régissent la matière des brevets, il fût fait, par ce comité *appréciateur*, au nom de l'État, offre d'une somme, toujours proportionnelle à l'importance de la découverte, en laissant l'inventeur libre d'accepter ou de refuser. Dans le premier cas, si l'inventeur acceptait l'offre du gouvernement, son titre serait livré à la publicité, et sa découverte tomberait dans le domaine public. Dans le second cas, s'il refusait, libre encore à lui d'exploiter, par privilége, son procédé. Il arriverait alors, souvent, que l'homme qui a passé de longues années à la recherche d'améliorations industrielles, profiterait des bénéfices d'une première découverte, pour en exploiter lui-même une seconde.

3° Enfin, la création d'ateliers nationaux de travail public, assurerait à l'ouvrier sans travail, un abri contre la misère, une consolation pendant des jours de gêne et de malheur; et la nation entière applaudirait à l'établissement des monuments élevés par la République, dans le but de porter secours à ses enfants malheureux. Elle aurait en même temps la satisfaction, de voir se cicatriser et guérir cette plaie hideuse des sociétés civilisées, la mendicité et le vagabondage.

Ce serait former un recueil immense, que rassembler tous les moyens proposés pour l'extinction de la mendicité et du vagabondage; toutes les théories, pour l'amélioration des classes laborieuses, conçues par les cœurs nobles et généreux, des Bailly, Bidau, Boulangé, Burdin, Buret, Bouvier du Molart, Bentam, Louis Blanc, Cabanis, Camus, Ducpétiaux, Dupont de Nemours, Durand, Eymery, d'Esterno, Ensor, Fodéré, de Saint-Félix, de Gérando, Good, Girard de Meslay, Huerne, de Larochefoucault-Liancourt, de Lamartine, de Lamennais, Lafont de Ladebat, Matter, Morogues, Macfarland, Naville, Pastoret,

Page, Tenon, Villermé, Villeneuve de Barge-
mont, etc., etc., et de tant d'autres hommes
à l'ame belle et élevée, qui, comme eux, ont
écrit sur cette matière, sans que le succès ait
couronné leurs dignes efforts.

Les mesures énergiques de nos gouvernants
n'ont pas mieux réussi. Dès les premiers temps
de la monarchie française, chacun avait droit
de mettre aux fers et de retenir pour son es-
clave celui qui lui demandait l'aumône.

Sous Charlemagne, il était défendu de faire
l'aumôme en public; bientôt après, la mendicité fut frappée des peines les plus fortes :
le fouet, le pilori, le travail des égoûts, la
hart, les verges, le travail des galères, enfin
la flétrissure; de nos jours encore, la prison
à temps ou illimitée : et la mendicité survit
à la rigueur de ces édits, à la sévérité de ces
lois.

Si Charlemagne, saint Louis, Louis XIV,
Napoléon, n'ont pu, par leurs édits, abolir la
mendicité et le vagabondage en France, c'est
que, avant de taxer un acte de délit ou de
crime, la nation doit pouvoir, à toute heure,

fournir du travail à l'homme qui demande du
pain, afin que la nécessité, l'implacable besoin, ne le pousse pas à commettre cette action.

CHAPITRE X.

ÉPREUVE SIMPLE ET RATIONNELLE DE LEUR UTILITÉ.

> Il est assez prouvé que tous les moyens em-
> ployés jusqu'à ce jour pour secourir les mal-
> heureux, n'ont d'autres résultats que de les
> empêcher de mourir de faim. Rien de grand,
> d'humain, de libéral n'y préside, tout y est
> mesquin, étroit, égoïste.
>
> BOULLANGÉ.

Pour répondre, en bien peu de mots, à toutes les objections qui pourraient nous être adressées, nous dirons : « Établissez un atelier » de travail public, et faites des expériences. » Vous le pourrez à peu de frais, en n'y pla-

» çant qu'une seule manivelle. En un lieu
» quelconque, sur un quai, près d'un pont,
» sur une place publique, où il vous paraîtra
» convenable, enfin, élevez une fontaine dont
» l'eau doive jaillir par la force d'un homme.
» Si, d'heure en heure, le travailleur reçoit,
» pour prix de son labeur, 50 centimes, on se
» battra autour de lui pour disputer sa place;
» à 25 centimes, il y aura foule; à 5 centimes
» seulement, le balancier sera toujours mis
» en mouvement. Cette épreuve est facile et
» peu coûteuse, convenez-en, pourquoi donc
» ne la feriez-vous pas? »

Suivant nous, ce premier essai encouragera
à en tenter un second sur une échelle raison-
nable. C'est dans cette confiance que nous
avons adressé des exemplaires de cet opuscule
aux Membres du Gouvernement provisoire,
qui le feront examiner consciencieusement,
et à tous les journaux de la capitale, qui, par
les mille voix de publicité, appelleront tous
les hommes de cœur à chercher la solution
du problème le plus sérieux de l'économie
organique des nations, la seule question politique qui puisse être traitée, sans que l'es-

prit de parti envenime la discussion. Elle appartient au petit nombre de celles dans lesquelles l'intérêt particulier n'a rien à souffrir de l'intérêt général. Sa solution a de tout temps occupé l'attention de nos législateurs; elle fut la préoccupation et le rêve de l'empereur Napoléon, sur le rocher de Sainte-Hélène : c'était une gloire qu'il eût voulu ajouter à sa gloire, le destin la lui refusa.

FIN.

TABLE

DES CHAPITRES.

ATELIERS NATIONAUX DE TRAVAIL PUBLIC.

FIN DE LA TABLE.